TAJIMI CITY
Booklet No.10

市場化テストをいかに導入するべきか

—市民と行政—

四日市大学総合政策学部教授

目次

Ⅰ　「市場化テスト法案」の成立とその目的

1　日本の「市場化テスト」法案は何を目指しているのか

現在の日本の「市場化テスト」法案とはどういうものか、あるいは何を目指しているのか。現在、市場化テスト法、正式には「競争の導入による公共サービスの改革に関する法律」と言う法律案が検討されています。（なお、この法律は２００６年5月26日に参議院を通過し、7月7日に施行されました。）この「市場化テスト」は、いったい何のために導入しようとしているのでしょうか。その点が、少なくとも今までの国会での審議を見る限りあまり明確ではありません。その辺から検討してみたいと思います。

これまでも日本では「行革」の名のもとにいろいろなものが実行されてきましたが、あまり効果がなかったように思われます。

例えば、いま私が話をしているこの会場の建物の管理は、指定管理者制度によって、指定管理者に請け負ってもらっているそうですが、指定管理者制度はどうも最初に言われたようなかたちでの成功は見えていない。多分、この多治見市もそうだろうと思います。私は今三重県庁に関係があって、三重県がいろいろなかたちで指定管理者に任せているものを見ていますが、以前の運営や経営の仕方とほとんど変わりがない。そういうことがありますので、指定管理者制度とはいったい何ぞや、理論は分かるけれど本当の目的はいったい何だったのかという点が、実態を見てもさっぱりわかりません。

あるいは、皆さんはＰＦＩという言葉を聞いたことがあるだろうと思います。このＰＦＩ（Private Finance Initiative）も日本でいくつか実行されていると言われていますが、中身を見るとどうも本当のＰＦＩではなくて何かまがいもののような感じがありまして、外国の例に見るような成功はしてない。日本はどうも形だけを導入して中身があまり伴っていないように思えます。

その辺も皆さんに考えていただきたいという願いも込めて、今日の話をしていきたいと思います。外国でどのようにそれが成功してきたのか、日本の法案のどこがまずいのか、あるいは今のまま日本で導入すればどのようなことになってきそうなのか。それらについて話をさせていただきたいと思います。

今の法案で見る限り、何のために市場化テスト、「競争の導入による公共サービスの改善」を実行しようとしているのかがあまり明確ではありません。担当省庁である内閣府の解説図などをみる限りでは、要は効率化だけではないかという感じもします。

文章での解説を見ますと、「競争の導入によってコストを下げる」ことが強調されています。更に「競争の導入によって公共サービスの質を上げる」。この二つが目的だと言われています。しかし、競争を導入すれば、なぜ質が上がるのか、なぜ経費が下がるのか。その辺があまり明確になっていない。

その辺を追求するためにもう少し法案を見てみたいと思います。

法案の第1条にその趣旨が書いてあります。

「この法律は、国の行政機関または地方公共団体が自ら実施する公共サービスに関し、その実施を民間が担うことができるものは民間にゆだねる観点から、これを見直し、民間事業者の創意と工夫が反映されることが期待される一体の業務を選定して官民競争入札又は民間競争入札に付することにより、公共サービスの質の維持向上及び経費の削減を図る・・・・」

（傍線は筆者）とあります。

この条文の「民間が担うことができるものは民間にゆだねる」という観点が非常に重視されている。そういうことからいきますと、「民間は非常に素晴らしい」という前提がどうもありそうです。官というか、自治体あるいは国がやる、公務員が直接実行する。これは行政サービスの質からいけばあまりいいことではない、あるいは経費の削減という面から見てもいいことではない。民間がやれば経費が下がり行政の質が上がるというように、どうも短絡的に結び付けているのではないか。ほかのいろいろな解説を見ましてもその趣旨がうかがわれます。

2 「市場化テスト」に対する期待？

「市場化テスト」とはどういうものでしょうか。この点について、簡単に触れておきますと…。いま、市役所ではいろいろな仕事をしていますが、その中の「この仕事はわれわれができる」と民間が指定してきたものについて、自治体の担当部局とその民間が互いに「こういう仕方で仕事を処理する」という内容を『入札』という形で示し、競争をするというものです。たとえば、多治見市では戸籍事務を処理していますが、その戸籍事務を民間がやるのと、いままでのように自治体の職員がやるのとどちらが効率的であるか、どちらのほうが経費が安く済むか、それを競争させてみよう。そして、民間の方が優れていると判断できる場合には、それを民間に任せてしまおうというのが、「市場化テスト」です。そして、できるだけ多くの仕事（事務）を民間に任せるようにしようではないか、というのが法案の趣旨だといえます。

ただ、法案は、今の段階では仕事の業種は、市役所レベルでいけば、戸籍事務、あるいは住民登録や印鑑証明の事務などの窓口業務に限定しております。しかし、それ以外のものについても、民間からいろいろなかたちでこれならできるというものを提案してもらって、それを官がいいか民がいいかという競争をして、お互いに仕事の処理の仕方や経費の見積りを出し合ってそのうえでどちらに担当させるか決めていこう。それが「市場化テスト」だというのが日本の理解のようです

そして、この「市場化テスト」については、自治体の関係者も大きな期待をしているのではないかと思われます。たとえば、いわゆる団塊の世代退職が目の前に迫っていますが、どこの自治体でもこの対応に苦慮しているはずです。一度に多数の職員が退職すれば、退職金をどうするかという問題が出てくるのはもちろんですが、それだけではなく、仕事の処理をどうするかという問題もあるからです。大量の退職者に見合う新規の採用をした場合でも、ベテランの職員が辞め、

それに代わって新人が仕事をするわけですから、仕事がもたつくことは当然に予測できます。しかも、現実には、退職者に見合うだけの新規採用はできないはずですから、職員の数は減少します。となると、ますます、仕事をスムーズに処理することができず、市民の不満が大きくなるに違いありません。こうした状況を解決するための〝切り札〟に「市場化テスト」はなる、と期待している自治体関係者が多いのではないでしょうか。

しかし、後で話をしますように、「市場化テスト」を安易に採用しても、期待に添うような効果が出るとはとても思えません。それどころか、悪い方向に行くのではないかということすら考えられます。「市場化テスト」を導入する場合には、導入の前に、「市場化テスト」に対応できる適切な環境づくり、言い換えれば、自治体の仕事の仕方に関する意識を、また、市民に対するサービスの仕方を抜本的に変えておくことが必要だと思います。

Ⅱ 「市場化テスト」の効果は？

1 経費が安いから民間がいいという内閣府の発想

内閣府の資料をみますと、「市場化テスト」をやっている国を事例にして効果があったかどうかを見ていますが、もっぱら日本が参考にしているのはイギリスとアメリカのようです。しかし、私はアメリカのことはあまり知りませんのでイギリスを事例にして解説していきます。

そのイギリスの事例として、内閣府の資料は次のように説明しています。

「英国財務省のデータによると、コスト削減は平均約18％であるが、入札を含む官民競争の実施コスト約3～5％を引くと、ネットでは約13～15％削減されている」。

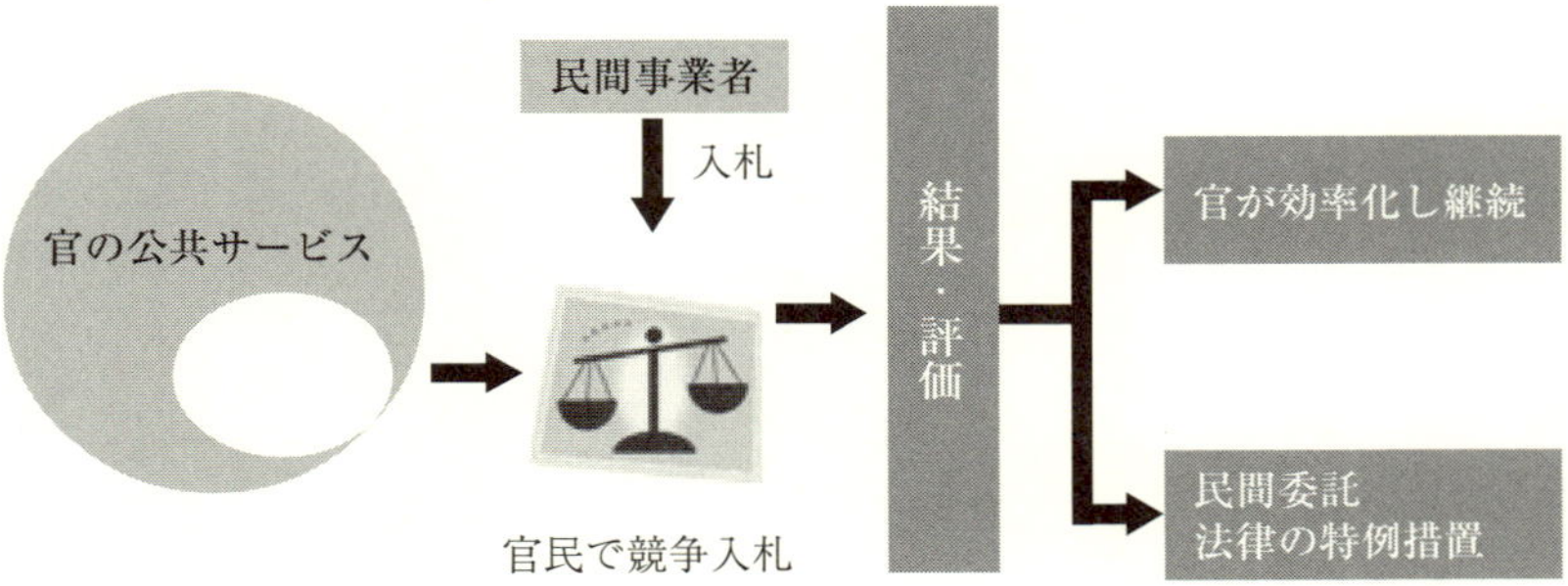

経費がこれだけ安くなっている。だから民間のほうがいいんだと説明しているわけです。

質の向上については、次のように説明しています。

「サービスの質については、数値的データがないものの、競争導入による向上がみられるとの評価が一般的である。公的部門自体の生産性向上、経営改善、効率化の達成（役所仕事の改革）などの効果が一般的に顕著である模様」。

要するに、質も向上するに違いないと内閣府の資料は解説しているのです。

私が知っている限りでも、日本で「市場化テスト」が検討されるようになったのはかなり前のことだということができます。私自身も、１９９３年の頃に、国会議員の政党での研究会や、いくつかの省庁で、イギリスの「市場化テスト」について解説をしたことがあります。しかし、その頃は「市場化テスト」の導入はほとんど問題にされませんでした。ところが、ここ１・２年、「市場化テスト」が急に騒がれるようになり、それを導入する法律も今回、あっという間に、国会を通ってしまいました。一体何故こんなに急いで導入するようになったのか、非常に奇異な感じを抱いております。しかも、「市場化テスト」導入の根拠になっているのは、イギリスの状況ですが、このイギリスの事例の検討も、あまりにも表面的に過ぎるのではないか、もっと、イギリスの状況を深く検討する必要があるのではないかと考えています。

2　イギリスにかたちだけをまねてもうまくいかない

イギリスを研究対象にしている人間からしますと、日本でイギリスのかたちだけをまねしてそれを導入してもうまくいくはずがないのではないか。現に、最初に言いましたＰＦＩもそうであった。あるいは、独立行政法人もイギリスのものをまがい的にまねをした。イギリスの独立行政法人に似て非なるものが日本の独立行政法人ですし、ＰＦＩも名前は一緒ですが実際の内容は違う。しかもイギリスと比べて効果がそれほど上がっていない。

そのようなことがありますから、「市場化テスト」を導入する場合も、なぜイギリスでは成功したのか、そして今でもその成功が続いているのかという検討が必要だろう。仮にイギリスで継続的にうまくいっているというのであれば、なぜうまくいっているのかという検討をする必要がある。多治見市の場合もその上で導入するかどうかを考えていく必要があるだろうと言えます。

日本は、もっぱらイギリスの１９８０年代・90年代の事例と現在の状況も参考にしておりますが、イギリスの公共サービスのやり方はがらがらと変わっております。１９８０年代と90年代では相当変わりましたし、97年に現在のブレア労働党政権が誕生してからはまた大きく変わってきた。いろいろなかたちで改革はずっと続けてきていますし、精神は引き継いできていますが、中身がだいぶ違う。しかも発想もだいぶ違うようになってきた。更にその基盤も相当違いますから、その辺を明確にしておく必要があるだろう。

日本が導入する場合には、いったいどの時代のイギリスの事例を参考にするべきなのか。そのときのイギリスはどのような状況であったのか、基盤はどうだったのかを見ていく必要があると思います。

Ⅲ　イギリスの地方自治体の競争入札の歴史

イギリスの「市場化テスト」の経緯を追ってみますと、時期によって、その内容は大きく三つに区分することができると思います。第一は、１９８０年代の「市場化テスト」で、これは、保守党のサッチャー首相のもので実施されたものです。これは、正確には「市場化テスト」とはいわれませんでしたので、その意味でも次の時期の「市場化テスト」とは内容を異にするはずといえそうですが、日本でのこれまでの解説は、このサッチャー時代の「市場化テスト」と次の時期の「市場化テスト」をごっちゃにして説明していますので、ここでも最初の「市場化テスト」として位置づけることにしたいと思います。

第二は、サッチャー首相の次に首相になった同じ保守党のメジャー政権のもとで実施されたものですが、これは、もっぱら中央政府レベルで実施されたものでした。しかし、現在の日本のもとでは、多治見市のような自治体レベルにおいても、このメジャー政権のもとでの「市場化テスト」が最良のモデルになるのではないかと考えています。

第三は、1997年に政権を取り、以後、今日まで政権を担っている労働党のブレア首相の下で実施されてきたものです。以下、これらの「市場化テスト」について、もう少し詳しく説明したいと思います。

1　1980年　地方自治法で地方自治体に競争入札を強制

イギリスでは1980年に、地方自治法（ローカル・ガバメント・アクト）で自治体に競争入札を強制的に導入させるという試みを致しました。これは皆さんもご存じの「鉄の女」と言われたマーガレット・サッチャーが首相になった時です。そのサッチャー首相が率先して官と民の競争入札の制度を採用したのですが、これは経費の削減を最大で唯一の目的にしていたといってもよさそうです。

1970年代のイギリスは今の日本と同じでして、大変な財政危機に遭遇していました。イギリスではたくさんの借金ができるという体制になっておりませんので、日本のように借金が膨大に膨れることはありませんでした。日本はいくらでも借金ができる体制になっておりますから借金がどんどん増えていくのですが、イギリスはそうではなくて、ある程度の額は借金できるのですが、原則的には必要な財源はすべて税金で集めなければいけないという仕組みになっています。そのため、１９７０年代にイギリスの税金はものすごい勢いで上がっていきました。とても国民が払いきれないような状況でした。しかも企業はそんな税金を払えませんから、大きな企業であればあるほど海外へ脱出してイギリスから離れていってしまうという状況でした。

それを何とか立て直そうとなると税金を引き下げなくてはならない。税金を引き下げるために公共サービスを安上がりで済むようにする必要がある。安上がりという目的からいけば民間にさせるのが一番いいだろうということで、公務員の数をどんどん減らして民間にさせようという目的のもとに、競争で官と民いずれが自治体の仕事を担当するかを決めていくことにしたわけです。実際には入札というかたちで競争しましたので競争入札と言いますが、それを実施致しました。

英語では「コンパルソリー・コンペティティブ・テンダーリング（Compulsory Competitive Tender）」と言いますが、このコンパルソリーは「強制」、コンペティティブは「競争」、テンダーリングが「入札」です。通常、これは頭文字をとってCCTと言われましたが、日本語では「強制競争入札」と翻訳しています。

a　競争入札導入で8％の経費削減

このようにサッチャー政権は経費削減を目的として競争をさせて民間に任せていこうとしました。ただし、サッチャー政権のもとで、競争入札が導入されたのは自治体レベルだけでした。サッチャーの次に同じ保守党のメジャーが政権を取りましたので、自治体レベルでのこの競争入札は、しかも、強制的な入札は１９９７年まで続きました。このＣＣＴの勝負がどうだったのかを全体的に見てみますと、民間が勝ったのは4分の1、4分の3はそのまま自治体の仕事として続いています。そして、この競争入札の導入により約8％の経費の削減を見たとなっています。これは日本の内閣府が言っている13～15％の効果を上げたということからそれほど大きく離れていないと言えるかもしれませんが、イギリスでは一般に8％の経費の削減だったと言われています。

しかも、その8％は競争入札の結果、民間が引き受け、あるいは官が取った場合でも合理化を図った結果、そうなったというよりは、無理やり公務員の数を減らしたためになったものだと一般に説明されています。職員を20～30％削減することがこの間に起こったわけです。自治体とすれば、強制的に入札させられるわけですから、公務員が仕事を続けようと思いますと、それをどんどん安上がりで済ますようにしないといけない。そうしようと思えば職員の数を減らす以外にないわけで、職員をどんどん減らしていきました。その結果、たくさんの公務員が馘首されて、その結果、経費の節約という現象が発生したというわけです。それでもたかだか8％の経費が削減されたにすぎないと言われています。

しかも、その結果、サービスの提供に「失敗」が生じるようになってきたとも言われています。常時「失敗」というわけではありませんが、「失敗」という事態があちこちで発生するようになってきた。これも大きな問題点として指摘されております。

また、民間の場合、入札するときに請負のいろいろな企画書を出してそれを基にして契約するわけですが、その契約を守ることができない。その結果、5年間あるいは10年間の契約を結んで実行することになっているのですが、それがもたない。5年間の満期までもたずに1年ぐらいで終わりになってしまうということもいくつかあったようです、当該企業が責任を放棄してしまいますと、その会社に損害賠償の責任が発生するのはもちろんですが、、それ以上にサービスをどのように続けるかという事態が発生します。

b　民間に任せると担当部署が全部消えてしまう

競争入札によって民間に任せるというCCTでいきますと、仕事を任せてしまった場合には日本で一般に見られる民間委託とは違いまして、担当部署も全部消えてしまう。全部仕事を請け負ってもらうことになります。

例えば、戸籍事務を請け負ってもらうとすると、戸籍事務を担当する、あるいはそれを監督する部署は市役所から消えてしまいます。それまで戸籍事務を担当していた人は馘首されるか、どこかに異動するしかない。イギリスの「市場化テスト」では、多くはその請け負った企業に引き取られることになりますが、仕事のできない職員はその段階で首になったようです。

そういうかたちで担当部局が消えてしまっておりますので、民間企業が責任を果たすことができなくて契約が解消されてしまいますと、どうしたらいいか皆目分からない。しかも、市役所には戸籍事務はやらないといけないという責任が続くとなりますと、その担当者のいない仕事を慌てて担当者をつくってやらないといけない。あるいは、どこか別の会社にやってもらわなければならないとなってくる。そういう事態がイギリスでは起こっています。

ただ、こういう事態が実際に起こっていたのは1992年ぐらいまでで、それ以降は、時折はあるとしても、ほとんど問題が生じることはなかったといわれています。これはサッチャー首相からメジャー首相へと政権が変わり、「競争入札」の仕方。もしくは位置づけが変わったためといえますが、この変貌については、後でお話しします。

ともかく、サッチャー政権は、このような問題が発生しても、自治体レベルへの競争入札制度を緩和するどころか、むしろ強化するような形にしていきました。いわば、サッチャー政権は経費の削減を強調し、それのみに邁進していくという態度をとり続けました。しかも、国税（所得税）はどんどん下げていくという方針の下で、経費削減を図っていくわけですから、当然、いろいろなサービスのスクラップという事態も発生します。

それに対して、住民が不満を主張し、自治体にサービスの継続を要請するという事態が出現してきます。その結果、自治体は独自の財源、すなわち地方税を引き上げ、それでサービスを賄うというようになっていきました。保守党が政権を握っている自治体の場合は、サッチャー政権の方針よりは、住民の要求にしたがってサービスを続けるという姿勢、ときにはサービスを拡充するという姿勢をとり、地方税を引き上げていきました。これは、当時の地方税が日本の固定資産税のようなものでしたので、地方税がいくら上がっても、貧しい人達は地方税をほとんど払う必要はなかったからでもありました。

そのため、サッチャー首相は地方税の改正を試みました。すべての人から税金を徴収しよう。サービスが少しでも増えれば、あるいはサービスの質が少しでも上がれば、その分、住民からお金をもらうという仕組みにしよう。貧しい、金持ちに関係なく全員からもらおうという税制度を採用したわけです。これは日本では「人頭税」と騒がれ、イギリスでは「ポールタックス（poll tax）」と言われましたが、そのようなこともサッチャー首相はやりました。その結果、非常に不人気になりまして、保守党政権はずっと続いたのですが1991年に引きずり降ろされてしまったのです。

2　1992年　中央政府レベルで市場化テスト（Market Testing）を実施

サッチャー首相の後をメジャー首相が引き継ぎましたが、このメジャー政権もいろいろな改革をしました。しかも、サッチャー政権の失敗に懲りまして、何のために改革するか、そこには思想や哲学を持たなければならないというかたちで本格的なきちんとした発想と哲学を持った改革をすることになってきました。それが1992年から本格的になったということができます。

a　「マーケットテスティング」と「CCT」とは根本的に違う

その段階で出てきましたのが第二の「市場化テスト」ですが、これはマーケットテスティング（Market Testing）と言われました。日本の「競争の導入による公共サービスの改革に関する法律」を英語に直すときには「マーケットテスティング」としています。そして、解説するときには先程説明したCCTの解説をしていますが、イギリスのマーケットテスティングとCCTとは根本的に違います。かたちは同じですが、よって立つところの一番基礎となる考え方が全く違うのです。しかし、その辺を内閣府はほとんど説明していません。

メジャー首相の下で導入されたマーケットテスティングは、形態的には、サッチャー政権のもとで自治体レベルで実践されていたCCTとほとんど変わりがありません。形態的にCCTと大きく違うところは、マーケットテスティングが中央省庁での導入を意図していたという点ぐらいです。要するに、中央省庁が一定の仕事（業務）を入札によって請け負わせるというものです。入札するのは、民間の会社でも、省庁の部局でもよいのですが、実際には、それまで当該の業務（仕事）を担当していた職員がビジネスライク（効率的）に編成し直してチームをつくり、そのチームが入札に勝って請け負ったということが多いようですが、民間が勝ちとったこともかなりあるようです。

入札を勝ち取った民間会社、あるいは省内のチームは、その業務を入札に出した省庁と契約を結びますが、仕事の仕方は請け負った会社（あるいは省内チーム）の自由裁量で行われております。このマーケットテスティングの実際的な目的は、経費の削減にあったともいわれていますし、実際にも、その旨を当時のメジャー政権が宣伝していましたが、このマーケットテスティングの担当大臣は、経費の節減よりも、官僚機構の改善をはかるための方法であるという点を強調していました。マーケットテスティングの導入によって、官僚機構に経営観念を大幅に導入し、それによって、公共サービスを改善し、また、顧客である住民のニーズに応えるようにすると説明していたわけです。

経営観念を大幅に導入しようとすれば、行政（administration）のためにつくられた官僚機構を、経営（management）のための機構に変更していくことが必要となる。すなわち政策決定能力よりも経営能力を重視した機構に変更していかなければならず、それを実現するひとつの手段になるのがマーケットテスティングだと位置づけていたということもできます。

とはいっても、メジャー政権はこのマーケットテスティングをそれだけで完結するものとして考えていたわけではなく、もっと重要な考え方が前提にありました。公共サービスの実施に際しての「住民と行政の位置づけ」というか、住民と行政の関係をどのようなものとして位置づけるかという考え方が、その前提にありました。これは、シティズンズ・チャーターといわれましたが、これについては後で詳しく説明したいと思います。いずれにしても、マーケットテスティングは、そういう新しい発想（哲学といってもよいと思いますが）を実現するための手段として位置づけられていたものであり、単に経費節減とか、公共サービスの改善だけを目的とするものではなかったという点は注意することが必要です。

このマーケットテスティングを導入する段階でCCTを採用している自治体も大きく変わりました。従来のCCTは単に経費の削減だけで導入していたのですが、自治体によってはCCTは駄目だからマーケットテスティングでいきましょうという自治体も現れてきました。この時はCCTとマーケットテスティングはどこが違うのかなかなか理解できなかったのですが、みんなで一生懸命そういう研究をしてそれを採用する自治体も増えてきました。

私もこのマーケットテスティングの意味が当初全く分かりませんでしたので、1993年のころにイギリスに研修を受けに行きました。イギリスでは外国人も研修に受け入れてくれます。私が行った時には、メジャー政権のもとでマーケットテスティングという考え方を導入した人が講師になって丸3日間、朝9時から夕方の5時までびっしり研修をしてくれました。そこに20人ぐらいが参加して、私以外の人たちは全部自治体の助役クラスの方でした。助役と市長の間と言ったほうがいいかもしれません。その人たちが研修を受けに来ていました。

b　マーケットテスティングには哲学がある

「マーケットテスティングの考え方がなかなか良いように思う。だから現実にそれを導入したい。そのためにはどうしたらいいか。あるいは本当の狙いは何か」を考え検討するのが、この研修の内容で、私もどれだけ理解できたか疑問ですが、この人たちと一緒に勉強しました。合計20人、3日間合宿に近い形で勉強する。夜は酒を飲みながらみんなで研究の中で出てきたものを披露し合うことをやりました。残りの19名は全部自治体のトップですから積極的に知り合いになりまして、いろいろ教えてもらいました。

その人たちはサッチャー時代に導入した政策には猛烈な批判をしていました。しかし、マーケットテスティングはなかなか面白そうだ。だから、これから改めてそちらのほうでやっていく。これには哲学があると、それの導入を試みておりました。後に、その人たちの自治体を見学に行かせてもらったこともあります。

3　1997年　労働党・ブレア政権、CCTを廃止

そういう動きの中で自治体もどんどん変わっていきました。ただ、それが全部、1997年の総選挙で保守党政権が終わってしまいましたので、がらがらと変わってしまいました。1997年に政権を取ったのが、現在も首相をやっておりますブレアを党首とする労働党です。このブレア首相は、自治体がCCTにずっと反対をしておりましたので、政権をとり、しばらく経ってからCCTを廃止するという政策を展開しました。2000年1月のことです。

しかし、CCTの代わりに導入された労働党の新しい政策（ベスト・バリュー）でも〝競争〟という考え方が強く打ち出されました。実質的には〝強制〟という点は削除されたものの、「競争入札」という点では、CCTが継承されたということもできます。とはいっても、メジャー保守党政権時代に、自治体の競争入札に関する発想の仕方がかなり変わった、少なくともそういう意識をもった自治体が幾つかあったということができますから、その点からいえば、マーケットテスティングが実質的に継続したということもできるだろうと思います。また、ブレア政権は、メジャー政権が打ち出した哲学（シティズンズ・チャーター）も名前を変えましたが引き継ぎまし

たので、その点でも変わりがないといえそうですが、しかし、実際には、大きく変わりました。したがって、このブレア政権のもとで展開された現象を、イギリスにおける「市場化テスト」の第三の時期と位置づけるのがいいようです。

a　メジャー政権時代とブレア政権での大きな違い

メジャー政権時代とブレア政権での大きな違いは、ブレア政権のもとでは住民のニーズを尊重しなければならないとマニフェストで打ち出していましたので、その住民のニーズを積極的に聴こうということになったという違いです。サービスの中身も住民のニーズを基にして住民に決めてもらおうということにしましたので、住民の要求に基づき、サービスのレベルがどんどん上がっていきました。レベルが上がれば、当然、お金がかかりますから、1997年から現在までの10年ぐらいの間に、経費が削減されるどころか、逆にどんどん上がっていきました。

例えば、市民税について見てみますと…。この市民税は日本と大きく違っています。日本の市民税あるいは県民税は国が地方税法で決めています。その中のごく小さな幅で実際の市民税をいくらにするかを決めることができるだけですが、イギリスの市民税はそれぞれの市議会で税金をいくらにするかを決めることができます。イギリスの地方議会の一番大きな役割は、住民の負担をどれだけにするかを決めることだといってもいいほどです。

その結果、市民税の額の決め方は最初に決めるのではなくて、実際に何をするかによって変わってきます。こういうサービスを展開する、この種のサービスを実行するということを先きに決め、その後にそのサービスについている国のお金をまず計算し、足りない分を地方税で集めるということになります。このためでしょうか、イギリスの国から地方に交付されるお金の額は非常に計算しやすいようになっています。

日本の場合は、地方交付税がいったいいくらもらえるのか、実際のところなかなか分かりません。少なくとも最初の段階では分からない。補助金もどれだけ実際にもらえるのか分からないところがありますが、イギリスの場合にはこの仕事をする、あるいはこのサービスをするとなると自動的にいくらの補助金がもらえるかすぐに計算できます。あるいは、住民が何人いるかで自動的に地方交付税がいくらもらえるかすぐ分かります。

いろいろなサービスを展開しますが、それに関連してもらえる国のお金がすぐに計算できますから、それで足りない部分のお金をどうするかが自治体の議会の審議内容になってきます。それを何か別の稼ぎでもいいのですが、多くは市民税で集めることになります。ですので、サービスがどんどん上がっていく、しかも国の補助金が限定されていますと、市民税がどんどん引き上げられていくことになります。それがブレア政権でも起こりまして、1997年から現在までの間に平均すると約100%値上がりになったと言われます。倍額になったということです。

しかも、サッチャー政権の時は住民から平等に税金を取るという発想をしましたが、それが不人気になってサッチャー女史は首相から引きずり降ろされましたので、それ以後、税金の形態が変わりました。現在は人頭税的な要素も若干は入っていますが、それよりも固定資産税が中心になっています。

ということは、立派な家に住んでいれば税金が高い。貧しい家に住んでいれば税金はほとんどかからない、ゼロという家もある。そうなりましたので、税金が100%上がったということはちゃんとした家に住んでいる人たちの負担が増えてきたことを意味します。非常に貧しい人の負担は増えていないことになるわけで、そういう人たちが非常にたくさんのサービスを要求するわけです。その結果、ある程度裕福な人の負担がどんどん増えてきて、それが現在大問題になっています。

これだけいろいろな経費がかかるようになった現象を解決できるのかどうか。再びサッチャー首相のような人物が登場しないといけないのではないかとも新聞で論評されています。そうした状況のもとで、2006年5月に地方選挙がありましたが労働党が大敗しました。保守党が20年ぶりに地方で大勝したのです。その結果、地方では保守党が政権を握るところが増えてきました。そういう問題が現在生じています。

b　日本の内閣府の発想は問題

いま、日本の内閣府などで展開されている種々の解説は、これまで述べてきたイギリスの第一の時期の現象と、第三の時期の現象、すなわちサッチャー時代の現象と現在のブレア政権時代の現象をごっちゃにし、それを基本にしているように思われます。たとえば、公共サービスのコストが下がるという点を強調する一方、サービスの質も上がるという点を強調しているのが、それです。

確かに、サッチャー時代には経費の削減がかなりあったといってよいと思われます。また、現在のブレア政権のもとでは、公共サービスの質の改善、少なくとも住民の要求に沿ってサービスの拡充を図っているといえそうです。しかし、公共サービスの質の改善とともに経費もかかるようになり、それが地方税の引き上げをもたらしています。また、サッチャー政権のときには、経費の削減はともかく、質の改善があったとは、とてもいえないのではないかと思います。

ということからいいますと、現在、危機的な財政状況にある日本の国あるいは自治体の状況からみて、ブレア政権流の「市場化テスト」を導入するのは無理だろうと思います。その前に、財政状況をきちんと立て直す必要があります。となると、まずはサッチャー政権流の競争入札を実施する必要があるといえます。

ただサッチャー政権の時のように、経費削減をどんどんやっていくだけならば、先程解説したようないろいろな意味での問題点が出てくる。公務員自体がやる気をなくすことにもなってきます。そこからいくと、今の日本の内閣府の仕方そのままでの「市場化テスト」は問題があるのではないでしょうか。

しかしイギリスには、1991年から97年の間に非常に力強く進んだ改革、すなわち、第二の時期の「市場化テスト」の改革があります。日本でイギリスの行政改革が紹介される場合、よく「サッチャーさんがこうした…」ということが言われますが、その多くはメジャー政権の時代、1991年から97年の間に成し遂げられた改革が基になっています。それを「サッチャーさんが…」というかたちで日本では説明されることが多い。両方とも同じ保守党政権でしたので、保守党政権イコールサッチャーとなってサッチャーさんの功績にしてしまう場合が多いのでしょうが、実際はかなり違います。メジャー首相は行政改革という点ではすごい首相であったと言えます。

Ⅳ 「市場化テスト」を成功させた哲学 ―シティズンズ・チャーター

1 シティズンズ・チャーターとは？

このメジャー政権で行政改革が成功したのは哲学があったからだと言っていいと思います。その哲学とはいったい何か。シティズンズ・チャーター（Citizen's Charter）と言われるものです。このシティズンズ・チャーターをそのまま日本語に翻訳しますと「市民憲章」となります。イギリスでも「市民憲章」と翻訳しています。イギリスには中国人が大勢住んでいますので、何か新しい政策が出るときには英語で表記する以外に、フランス語やドイツ語、そしてアラビア語、中国語などでも表記されます。そのうちの中国語を見ますと「市民憲章」となっています。

多治見市にも「市民憲章」があると思います。今、日本の市にある市民憲章はスローガンあるいはこうなりたいという半ば夢物語を書いているのではないかと思います。日本人はそういう市民憲章を連想してしまいがちですが、それとは違います。

このシティズンズ・チャーターはそういうものではありません。翻訳しにくいものですから、私はそのまま「シティズンズ・チャーター」という片仮名で使っています。それがどういうものかを簡単に見るためにこの当時の新聞記事を引用してみます。

「シティズンズ・チャーターは理想の青写真ではない。実際のサービスの実施水準を示すものである。政治的な市民としての住民のためのものではなく、消費者（コンシューマー）としての住民のためのものである。現在は、古典的な市民権（参政権、表現の自由、法の支配など）は、特定の人だけではなく、すべての人が享受するものとなっている。その結果、人々は政治的な結社や選挙での投票に興味を示さなくなり、それに代わって、アテネの人がそうであったように、所得の向上や消費に関心を示すようになっているという認識が、シティズンズ・チャーターにはある。そのような現在の社会では、公共サービスと住民の位置付けを変えなくてはならないというわけである。すなわち、住民は、現在、国家

（国と自治体）によって定められ、住民はそれを恩恵的に受け入れるだけであるが、シティズンズ・チャーターは公共サービスを受ける権利があるということを、現実的な特権としてはっきり明示するものである」。そして、このシティズンズ・チャーターは「現代版マグナカルタになる可能性がある」

世界で一番有名な新聞、「タイムズ」の記事に当時書かれていました。

a 「シティズンズ・チャーター」策定の動機

それをもう少し詳しく見ていきます。ここが皆さんに一番知っていただきたい点です。メジャー政権がどういうかたちでシティズンズ・チャーターを作っていったのか、その策定の動機はどこにあったかをまず見ておきたいと思います。

これはメジャー首相自身の自治体での体験があります。メジャー首相はロンドンの一つの区であるランベス区の議員をやっていました。当時、このランベス区には区長がいませんでした。イギリスの自治体は当時すべてそうだったのですが、知事や市長などの長は公選されておらず、議会の一番大きな会派の長が首長の役割を果していました。そういう体験をメジャー首相もしたことがあって、その時の体験が基になっていると言われています。メジャー首相がそれを自分自身の言葉で表現しています。

「官僚主義やお役所式に直面したことのある人々、職員を動かすことがどれだけ難しいかと経験したことがある人々、また自分の特別の問題を考慮してもらうことがいかに難しいかを分かっている人々は、このシティズンズ・チャーターの背後にある動機を理解してくれるのではないか」と、メジャー首相は自分自身の言葉で説明しております。すなわち、官僚主義やお役所式をなくそうというところに狙いがあったといえるでしょう。

その際に、住民をコンシューマー（消費者）として、あるいはエコノミックアクター（経済活動家）として位置付けようとしたわけです。このコンシューマーという概念は一見難しそうに見えますが、そう難しいことではありません。要は一般の商品を造っている民間企業、例えば服を造っている民間企業との関係にある消費者の位置付けを行政にも入れるべきではないか。それがメジャー首相の発想です。服を買うときにどの服を買うか、消費者である住民は店に行って自分で選択することができる。この服が気に入った人はその服を買えばいい。そんな服は嫌だという人は買わなくてもいい。そういう選択する権利を住民に与えようではないか。それがシティズンズ・チャーターの発想です。

そして、住民を、(市民をあるいは国民を)政治的な参政権を持った人としての位置付けるのは時代遅れだとしました、それはもう当然に実現されている当たり前のことだとしたわけです。それよりはコンシューマー(消費者)として位置付けて、公共サービスの選択権を与えるべきではないか。それがメジャー首相の発想だと言えます。

このシティズンズ・チャーターの構想(あるいは哲学)をメジャー首相が打ち出した当時、いろいろな新聞で解説されました。例えば、イギリスにおける「日本経済新聞」のような新聞であるファイナンシャルタイムズの記事を見ますと、「これまでは、中央政府や自治体が公共サービスの運転席に座ってきた」。つまり、どういうサービスをやるかは国とか自治体が決めてきた。それを住民に代わろう、それが消費者だ。だから運転席を住民に引き渡そう、交代しようというのがシティズンズ・チャーターの発想だと解説していました。この構想重視しているのは選択権です。

b　シティズンズ・チャーターの趣旨

その結果、シティズンズ・チャーターで最も問題にされているのが〝独占〟です。行政は多くの場合独占ですが、そういう独占はもってのほかである。何とか独占でないような工夫を凝らす必要がある。それが強調されています。そして、責任を明確にする必要がある。先程、多治見市長がアカウンタビリティーについてお話しされていましたが、イギリスでもアカウンタビリティーがこの時代から急激に強調されるようになってきました。誰に責任があるかを明確にすることが強調されるようになったわけです。そういうことをやっていくと公共サービスは改善されるはずである。実際上、質が高くなるかどうかは別として、少なくとも住民が納得するだろうという発想が前提にあると言っていいと思います。

「最小の経費で最大の効果を」ということがよく言われます。皆さんもそういう言葉を口にすることが多いのではないかと思いますが、この当時メジャー首相あるいは首相を取り巻く側近たちから、そういう発想はおかしいということがよく強調されました。そんなことはできるはずがない。しかも「最大の効果」と言うと、住民は「これも不満だ」、「あれも不満だ」というかたちで不満をぶつけてくる、もっとレベルを上げろとなってきますから、結果的に最大の効果をもたらすために、つまりレベルを上げていくためにお金がたくさんかかるようになる。

要するに「最小の経費で最大の効果」という概念は間違いである。だから、それをやめて「納得のいく経費で納得のいく効果」という概念を打ち出そう。そのように行政サービスを変えていこうということもよく強調されました。サービスをどんどん拡充すればお金がかかるのは当たり前である。だから、その場合にはお金を払ってください。もし払わないということであれば、今あるお金でどういうサービスができるかを一緒に考えましょう。その中でのベターな効果、より良いサービスを決めていきましょう。それをシティズンズ・チャーターの中で明確にしていくことが、その趣旨あるいは目的であったと言えます。

これを当時の新聞では、お金を投じなくても、資金を入れなくても、公共サービスに対して住民が納得する場合には、そして、納得イコール満足と考えることができますので、公共サービスの質の改善と考えていいのではないか。そのような報道がされておりました。住民の責任もシティズンズ・チャーターの中で明確にしていく。こういう立場にいる人はこのような責任があることを打ち出そう。それがシティズンズ・チャーターの中身でした。

2　シティズンズ・チャーターの具体的な内容

このシティズンズ・チャーターのなかで最も目立つ内容は、現在あるサービスの水準を明確にするというものでした。現在行政に入ってくるお金でどれだけのサービスができるかを明確にしましょう。それ以上のサービスはできないということを明確にする。最低限これだけのことをするというのではなくて、これだけの仕事をしますということを明確にする。そういう水準の明確化でした。

a　例えば、学校教育でのシティズンズ・チャーター

私は三重県の教育委員をやっておりましていつも学校教育で悩まされていますから、まず目が行くのは教育関係ですので、それを事例に挙げさせてもらいます。

学校教育でいったい何を教えるのか。まずその水準を文部省が打ち出します。文部省が国民全体に対してどういう責任を負うか、どういう水準の教育を提供するかを明確にする。その代わり、というか、それと同時に、国民の義務を明確にする。学校の適齢児童を持っている親はこのようなことをしろという親の責任を明確にするわけです。

その次には、自治体レベルで、自治体で教育を担当しているところ、イギリスは県レベルが担当します。市は教育に関係がありません。その県レベルで、この県としてはこういう教育を提供していく。県民はこのような義務を負うということを明確にする。更にそれを受けて各学校で、それぞれのシティズンズ・チャーターを作る。学校のチャーター、子供のチャーター、親のチャーター、教員のチャーターとなりますが、それを作ります。

その中では具体的に学校でどういうサービスを提供するかを明確にします。

例えば、学校にちゃんと通ってくれれば算数はこのレベルまで達成できるように致します。小学校6年間適切に通ってくれれば、算数は分数までは確実にできるようにする。できない場合には学校で責任を取る。そのようなかたちで教育の水準あるいは親と学童の権利を決める。最高でそこまででいいわけですから、一生懸命全員がそこまでできるようにする。もちろん出来のいい子はどんどん先に進みますが、出来の悪い子もそこまでは引き上げる。

そうなりますと、学校の編成も変わって参ります。イギリスも日本のように各学年が9月になれば順番に上がっていくという仕組みになっています。しかし学力が追い付いていかない子供たちはそこで踏みとどまる。踏みとどまって分からないところは分かるまでそこで勉強する。要は6年間で約束したところまでのレベルを達成する。そのようなかたちで学校教育をします。

子供に対しては、学校で走ってはいけない、あるいはあいさつをしなければいけないという具体的な義務付けをしていく。それは躾ですから初めのころは違反してもいいのですが、その後も違反した場合は罰を加える。そういう躾をしていくことを明確にしていく。親とそういう契約をする。

そして、親の直接的な責任も学校のチャーターで各学校が決めていく。例えば、8時15分から30分の間に子供を確実に校門まで送り届けること。それ以外の時間は、遅刻だとしても受け付けない。帰りは3時から3時15分の間に迎えに来なさい。迎えに来ないときには、学童は校門から出され、その後どういう犯罪に巻き込まれても学校は責任を負わない。そのように明確に学校の責任と親の責任をチャーターで示しています。親はその学校が示すこのような水準が気に食わない場合には別の学校を選択するというのがシティズンズ・チャーターの精神です。

それぞれの学校がそれぞれ独自の水準を設定しますから、学校で教えることは全国画一的ではなくて、それぞればらばらになります。うちは音楽を強調する、うちは算数が中心だ、うちは体育だ、芸術だというかたちで各学校は特色を出し、しかもマナーの訓練、礼儀の訓練も各学校によって違いますから、それを親が選定することになります。ここが重要です。サービスの水準を示して選択できるようにする。だから、教育には独占はないというかたちで位置付けする。それがサービスの水準です。

b　競争できない行政サービス分野のシティズンズ・チャーター

ただ、ここで困るのは普通の行政の仕事、市役所でやっている仕事はなかなか競争相手がいません。学校の場合には他の学校を競争相手にできるわけですが、そもそも競争できないという公共サービスもいっぱいあります。それをどうするかが問題になりますが、それもここまでだというかたちで水準を示します。

例えば、清掃は週何回集めて回ります、この時間帯に行きますというサービス水準を示す。すべてのものがそうです。全部示すことができます。国レベルもそうです。裁判所までこういう水準を示します。もちろん、消防署は火事が起これば何分以内に到着しますという水準を決めることがあります。そういう水準を決めます。それで独占にはならないだろうと考えたわけです。

もし住民たちが不満に思う場合には、それを議会に掛けて議会でそれを検討すればいい。こんなサービスはとても我慢できないというなら、もっとちゃんとしたサービスをするようにする。そうなると、これだけのお金ではとてもできないだろう。もし、そこで工夫できる人が誰か出てくれば話が変わってきますが、そんなことできるわけがないのが通常ですから、そういう水準を示して不満がある場合には議会でそれを検討する。

こういう水準を示すのがシティズンズ・チャーターの具体的な内容です。そして、競争できるものはすべて競争する。あるいは、選択権を住民に与える。これがコンシューマーの位置付けであると1990年代のメジャー政権は考えました。

3　救済手段と苦情処理システム

a　救済手段として与えられる「反乱権」

そして、水準を示してそれがもし達成できなかった場合にはどうするか。それもこのサービス水準の中に入っています。例えば学校の場合、そのサービス水準を示します。親は自分で学校を選択する権利を持ちます。それで子供が学校に行くときに選択をするわけです。仮に学校に入ってしまってから、その水準が変わってくる、あるいは学校が示している水準にどうしても我慢ができないという場合にはどうするのかが問題になります。そのときにはクーデターを起こしてもいいという救済手段を採用していました。そのクーデターとは、ほかの親を説得して、こんな学校の水準ではとても駄目だからもっと別の水準を作りましょうと親が働き掛けをする。そして、その親たちを集めて学校の運営権を乗っ取ってもいいというかたちになっていました。

これを「スクールボード」と言いましたが、それを親たちで作ってそのスクールボードが経営権を獲得する。もちろんお金は税金から来ます。その一定額の税金のもとで、校長を誰にするか、教頭を誰にするか、あるいはカリキュラムをどう組むか、どういう授業をするかを親たちが決める。もちろん国で決めている最低の枠、国民としての教育はありますが、これは日本と違って非常に緩いものです。日本は国民としての教育がほとんど全部で、自治体の裁量でできる授業はごくわずかしかありませんし、親にはもちろんのこと、市のレベルでも人事権がないという状況ですが、それを親が設立する「スクールボード」に全部与える。そのような反乱権が与えられるようになっていました。

ただ、イギリスではその反乱は起こらなかったようです。その反乱権は現在でも続いていると思いますが、私は、反乱事例を聞いていません。

b 「反乱」の具体例 ―デンマーク

ただ、このシティズンズ・チャーターを採用した国でその反乱をしたところがありますので、その例を挙げておきたいと思います。それはデンマークです。

多分、都市の名前はフレデリックボーだったと思います。だいぶ北のほうの都市ですが、そこではシティズンズ・チャーターを採用して学校の水準を決めておりました。その水準が気に入らない場合には親たちが学校委員会を作って、自分たちで権限を獲得してもいいとなっていました。そして、現実に反乱が起こって、親たちが経営権を獲得してしまった学校がありましたが、その

から、自分はどういうサービスを受けられるかが明確になっている。そして、そのサービスが仮に受けられなかった場合にどのように苦情を言うか、それも明確になっている。ここに電話をすればすぐに受け付けてくれる。そして、その受け付けた中でいつ返答をくれるか。どのように問題を解決してくれるかをそこで説明してくれます。そういう「苦情処理システム」、これは別の面からみればアカウンタビリティーの明示ですが、それが明確になっている。これもシティズンズ・チャーターの成果であると言えます。

このシティズンズ・チャーターのシステムが公表された１９９１年７月当時、イギリスの有力新聞であるガーディアン紙に次のような住民の生活環境の変貌予測の記事が、「未来のある日の日記」というかたちで掲載されていました。

「今日は、いろいろなことが次から次とあった。昔のように遅れるのが当たり前でいらいらするということは全くなくなった。シティズンズ・チャーターができたためである。

今日は、ガス工事のために、そして、病院へ行くために休暇をとった。昔は、このために2日は必要であったが、いまは、１日で充分である。ガス工事の人が8時30分に到着。ドアの呼び鈴が鳴ったので急いでひげ剃りを止め、指定の時間通りに来たことをからかいに行った。その後、すぐに電話が鳴った。国鉄からの電話で、先週、リバプール行きの列車が運休したことで賠償金を払うので、郵便で領収書を送ってくれという電話だった。国鉄に嫌みを言ったが、電話の相手はえらく謝っていた。

病院に行くにはまだ時間があったので、子供のジョニーが中学校でどんな具合なのか、教えてくれるかどうか分からなかったが、電話してみた。中学校はすぐにジョニーの試験の成績や欠席状況などの資料を送ってくれるという。一体どういうことになったのであろうか。以前は、脅しつけても、中学校はこんな資料を送ってくれることはなかったのに……。

バスの停留所に行く途中で、郵便局が強盗に襲われたのを目撃した。ちょうど2分後に警官が到着。犯人が捕らえられた。この前の時は20分もかかったと聞いていたので、警官に「どうしたのですか」と聞いてみた。答えは、『お客さん、シティズンズ・チャーターですよ』であった。この事件の後、青色の民間ポストを通り越し、昔ながらの赤い郵便局ポストに所得税の申告書を投函した。

途中で、我が家の窓の清掃中に落ちて足を骨折した清掃人のアンディにぱったりと出会った。こういう時のアンディは、保険がもらえないとぶつぶつ言っているのがこれまでだったが、今日は、小切手を振り回し、社会保険の担当者を『いい奴だ』と褒めていた。バス停留所に5分遅れて到着。これまでのバスは15分ほど遅れるのが普通だったから、まだ充分間に合う時間と思っていた。ところが、バス停にいたおばあさんに聞くと、『2番バスはもう行ってしまいましたよ』であった。

このため病院には、予約時間の直前に到着した。しかし、いつもの状況から判断すれば、新聞を読んで落ち着ける時間が充分あるはずであった。しかし、すぐに『ミスター○○』と看護婦さんから声をかけられた。

家に戻ると、ゴミ収集がされていなかった。ひとこと文句を言おうと市役所に電話をした。感じの良い応答があり、すぐに電話を担当課に回してくれた。そこでの応答も感じが良く、6時頃までに収集に向かうという返答があった……」。

実際にここまでのサービスが行われているかどうかは定かでないが、これに近いサービスになったことは、私の知り合いの人達が　証言してくれているところですが、シティズンズ・チャーターとはどういうものなのかを、この記事は示してくれていると言っていいでしょう。

4　市民に分かりやすい「情報の公開」

a　市民が明確に分かるようなかたちで情報公開をしなくてはならない

苦情処理と同じように重要視されていますのが情報の公開です。日本でも情報公開を皆さんの所でもやっていますし、国レベルでもやっているとよく宣伝され、あるいは自慢されています。

この日本の情報公開は、その中身があまり明確ではない場合が多いというか、生の資料をそのまま公開してくれることが多いといえます。ところが、そのような情報公開では駄目だというのが、このシティズンズ・チャーターの発想の仕方です。生の資料を渡しても、行政の担当職員は分かるかもしれない、あるいは長い間議員活動をしていろいろな質問をしている中でそれを理解している人、その人たちは分かるかもしれない。しかし、一般の市民が生の資料をもらってそんなものは分かるはずがないではないか。ですから、その消費者である市民が明確に分かるようなかたちで情報公開をしなくてはならない。

例えば、シティズンズ・チャーターで明確になっている基準を言いますと、公共サービスがいったいどのように運営されているかを明確に公表する必要がある。それは個々のチャーターごとに、清掃関係、学校教育関係、あるいは窓口業務などいろいろなチャーターがありますが、それらの個々のチャーターの中でそれぞれの公共サービスがいったいどのように運営されているかを明確に示す必要がある。しかも、経費がいくらかかっているかを明確にする必要があるというのが、シティズンズ・チャーターの情報公開です。

この場合、日本では給料を隠すことが多いのですが、それを具体的に全部示すことになっています。

例えば、ある業務には部長、課長、係長、そして職員が5人いるということを示し、全員の給料を明確にした上で、全体の経費を公表します。その職員の中で実際上の責任者、誰に文句を言えば通じるか。本当に部長が一番上なのか、ひょっとすれば課長ではないのか。あるいは係長が全部分かっているのではないか。本当の責任者は誰なのかも明確にして公表していく。そして、チャーターで示された水準がどのように実行されたか。それに違反するものがいくつあったかも明確にしていくという情報公開です。

ありとあらゆる情報を市民に分かりやすいようなかたちで、しかも官僚用語ではなくて分かりやすい言葉で公表します。日本の官僚用語、あるいは地方自治体の職員の用語はなかなか市民には分かりにくいと思いますが、そういう言葉ではなくて、みんなが一般的に分かるようなかたちで公表する。これがシティズンズ・チャーターに関する情報公開なのです。それが強調されています。

b　市民の批判を浴びてシステムがどんどん変る

そして、その情報公開をもって、住民がこれでは駄目だとそれを引っ繰り返すような場合には議会でそれを諮るようにしていきます。更に、今のようなかたちで情報公開されますと、市民の批判を浴びることになりますから、必然的に職員の給与体系が変わってきます。

例えば、部長の給料が一番高くて、しかもその部長がよく窓口業務をしている。そして窓口業務を実際にしている人が部長と一番下の新米の女の子であった。その女の子の給料が仮に10万円で、部長が50万円だったという場合に、10万円と50万円が同じ仕事をしているのか。それならば部長も10万円に下げろという批判が出てきます。ですから、職種に応じて、あるいは実際にやっている仕事に応じて給料を決めることが具体的に起こるようになりました。

更に、人事採用の仕方も変わってくる。イギリスではサッチャー時代からどんどん変わっていったのですが、それ以前は日本と同じようにある時期に一括して採用して、そこから人を回していく。経済専門家や法律専門家などの特定の部署は違いましたが、それ以外の総合職、全体のことが分かる人たちについてはそうでした。そういうシステムがどんどん崩壊していきまして、何かあるポスト、例えば係長のポストが空いたという場合には係長を募集するというかたちになってきた。その係長という業務にはこれだけのお金がつくということになっていきました。係長はこれだけの仕事をするからこれだけの給料をもらう価値があると判断されるようになったわけです。

現在では助役クラスも全部公募するようになっています。助役の場合は一番給与が高いのですが、それもこういう仕事をしているから、全部のまとめをしているから給料は当然高い。そういう給与体系になっていますので、それを公表すれば住民は当然に納得することになります。

学校の先生の給料もがらがらと変わりました。イギリスの学校は特にシティズンズ・チャーターを採用するようになって、学校のサービス水準を公表するようになり、親に学校の選択をしてもらうようになりました。それからは、各学校それぞれいろいろなかたちで教育をしていくことになりました。それが一般的に比較されることも起こってきました。この学校は子供たちにとって非常にいい学校である。これは進学がいいからいい学校という日本流の比較ではなくて、子供たちがこのように育っていった。こんなに問題のあった子供がこれだけいい子になった。特に中学校レベルでは、問題児がこのように立ち直って良くなっている、あるいは親たちがどんどん学校に入ってくるようになった学校は非常に業績を上げたことになりますから、そこの校長は当然ほかの学校の校長よりもずっと高い給料をもらうようになります。そのようなかたちに先生たちの給与体系も変わってきました。

そして、学校の先生は固定するようになりました。この学校ではこういうことをするとなりますと先生にあまり異動されると困りますから、校長が全部スカウトしてくる。ほかの所にスカウトされて本人が出ていくまではがっちりと囲っています。そのときに引っ張りだこの先生がいます。当然、そういう先生はみんなから注目を浴びているわけですし、それだけ業績を上げていることになりますから給料がどんどん高くなるという現象が起こってきます。

いわば全部、業績及び職種に応じて給与体系が変わる、人事採用体系も変わるというかたちでがらがらと変わっていきましたが、これも情報公開から出てきた現象です。シティズンズ・チャーターを基にして出てきた現象であると言えます。

5　シティズンズ・チャーターの一部としてのマーケットテスティング

そういう中で、サッチャー時代に適用されておりました競争入札も受け入れるようとなりました。この場合の「市場化テスト」は単に経費の削減ではなくて、今までお話ししたようなシティズンズ・チャーターを前提として、サービス水準を決めて住民に選択してもらうというねらいのもとに競争入札も組み込んでいこうというものでした。

市役所でいろいろな仕事をしておりますが、その仕事が一般の市場で通用するかどうか一度試してみましょう。それがシティズンズ・チャーターのもとでのマーケットテスティング、「市場化テスト」の中身です。いわば民間に任せてしまおうという発想ではなくて、一般の消費者に行政のサービスが通用するかどうかを試してみる手段にしようという発想です。

マーケットテスティングを「市場化テスト」と訳していますが、これが適切な訳であるかどうか、かなり疑問です。マーケットというのは市場と訳せますし、テスティングは試験と訳すのが普通ですから、「市場化テスト」でよさそうですが、しかし、「市場化」ということになると、民間に任せるのが前提になっているように感じられます。となると、マーケットテスティングはちょっとニュアンスがちがうということになるのですが……。

この訳には私自身も少しは責任があるのではないか、と感じています。もっとも、それは私が自分自身のことを高く評価し過ぎで、本当は私とはまったく関係がなく採用された訳語かもしれませんが……。とにかく、1990年代の初めに、マーケットテスティングが登場した頃、自治体国際化協会のロンドン事務所で、マーケットテスティングの訳語をどうするかみんなで検討したことがあります。ちょうどその頃、私はシティズンズ・チャーターを日本に紹介しようと考え、このロンドン事務所で働くイギリス人の研究者数人で手伝ってもらって、いろいろ調べていた最中でしたので、マーケットテスティングの訳語案を提示せよと、当時のロンドン事務所の所長（横田光雄氏）に指示され、「市場化テスト」という仮訳をつけました。これが、このロンドン事務所で採用され、以後、ここが発行する文書（クレア・レポート）などでは「市場化テスト」という訳が付けられるようになりました。私自身も、このクレア・レポートのなかでシティズンズ・チャーターの報告書を書かせてもらいましたが、その中で「市場化テスト」という訳を使いました。また、それ以後、いくつかの中央省庁や政党にシティズンズ・チャーターの説明に行きましたが、このときもマーケットテスティングは「市場化テスト」と訳しました。そういうことが影響しているのではないかと想像していますが、これは妄想かもしれません。

それはともかく、マーケットテスティングは民間に任せるという前提があり、そのための試験（入札）をするということでなく、市場で一般に適用するかどうかをみるところにねらいがあることを理解しておく必要があると思います。

しかも最初のころは、これを市民の立場でどちらがいいか判断するということで、メジャー時代には、自治体でのマーケットテスティングの場合、議会の議員（幹部議員）がそれを判定。あるいは、国レベルの場合は国会議員がそれを判定しました。国会議員の場合は実際上その省庁の大臣たちです。イギリスの大臣は大勢います。一つの省の中に国会議員が多く所属しています。日本の場合は大臣、副大臣、補佐官、せいぜいそのぐらいで多くて5、6人ですが、イギリスの場合、閣僚、大臣、副大臣、政務官など大勢、多い場合には十数人いまして、その大臣チームが官民のどちらに請け負わせるかを決めることになります。これはすべて国民あるいは住民の立場で、どちらがふさわしいかを選定するという前提です。シティズンズ・チャーターの発想、いわば市民に選択権を与えるというところから出てきた結果です。

ところが、これがブレア政権になってから中身が変わりました。この選定はもっと客観的にやるべきであるとなって、第三者機関的なものが出てきた。これは日本で言えば監査委員になるかもしれませんが、外部から選んだ監査をする機関、構成メンバーは法律家や財務官などですが、その人たちによって選定してもらうことになりました。こうなりますと、住民あるいは国民を消費者として位置付けて、それに選択してもらうという発想は消えてしまうことになります。

現にブレア政権になりましてからシティズンズ・チャーターは、サービスファースト、サービスがまず第一というかたちで名前も変わり、その水準をどんどん上げていくことになりましたので、今ではシティズンズ・チャーターは国の政権の政策としてはあまり重要視されないようになってしまっています。ただ、かたちは残っています。しかし各自治体では、相変わらずシティズンズ・チャーターが今も本流になっているようです。もちろん労働党が非常に強い所では、国に遠慮してそこから別のところにいく所も増えていますが、多くの自治体ではメジャー時代にできあがったシティズンズ・チャーターのもとで今でも運営されていると言えます。

ただ、その場合も先程言いましたようにブレア政権のもとでサービスの水準を上げるようになってきましたから、どんどんお金を使うようになっている所も増えております。そうではない、相変わらず堅実にやっている所もあります。堅実にやっている所はシティズンズ・チャーターの哲学的な発想、本当の意味での基盤作りをきちんとしていると言えます。

その場合に、マーケットテスティングで強調されていますのが「競争」と「責任」です。コンペティション（競争）とアカウンタビリティー（責任）であると言われていますが、とりわけアカウンタビリティーが重視されています。そして、そのアカウンタビリティーを実現するためには、先程から何度も言っていますように、いろいろな仕方、あるいは発想を変えなければならない。それをやって初めて「市場化テスト」もうまくいっているようです。

そうなると、たとえば多治見市で「市場化テスト」を考える場合、安易に「市場化テスト」を導入するのではなくて、それを導入しようとすればどのような基盤を作る必要があるか、それを考えることが必要ではないかと思われます。

その場合にまず重要なのは、市役所なら市役所という行政体ができるサービスを明確にしなければならない。あれもやる、これもやる、市民の言う通り、できるだけレベルを上げていく、最小の経費で最大の効果を生んでいこうというような発想はとんでもない話ということになります。多治見市はここまでしかできないと明確にして、その上でどうしようか決めていく。そういう発想が「市場化テスト」を導入する際にはぜひとも必要ではないかと私は思っております。

これでひとまず終了させていただきます。長い時間どうもありがとうございました。（拍手）

会場との質疑応答

Q1　住民生活を守る行政の責任放棄では？

【質問者1】　行政サービスを民間が担う。この流れを「パブリックビジネス・リポート」では「百年に一度の50兆円のチャンス」と宣伝しています。それで、私ども市民は公共サービスの提供を「受ける」立場からサービスを「提供する」契約者の立場に転換させられていくわけですが、住民生活を守る行政の責任が放棄されていくのではないか。

民間のもうけのために新たな負担が増えるのではないか、官と民の賃下げ競争が起きるのではないか。さまざまな危惧を持つわけです。その点に関して先生はどのようにお考えでしょうか。

A1　サッチャー時代の市場化テストをまねしようとしている日本への懸念

【竹下】　そのお話をしたつもりでした。イギリスではサッチャー首相の時代、経費の削減を最大の眼目、あるいは唯一の狙いにして競争入札を導入するようになっていった。これはまさにサービスの質を低下させても何でもいい。要は、使うお金を減らせばいい。それでどんどん民間に任せていった、あるいは民営化していって、行政はどんどん小さくなっていきましょうとなったわけです。純粋に民営化してしまえば行政の責任は完全に放棄されますから、行政の責任はないと言えるのですが、住民側からいけば「それは問題だ」となるだろうと思います。

形態的には民営化してしまえば、その民間会社の責任だと言えるのですが、競争入札という場合にはあくまでもその仕事を請け負うだけである。その仕事そのものが民間会社のものになるわけではない。そうなりますと、責任は行政に残ります。そして民間は無責任とは言いませんけれども、非常事態が起こって無責任にならざるを得ないときも出てくる。そのときに民間はそれを放棄してどこかに消えてしまうことがサッチャー政権の時代にありました。

そうなると、それの尻ぬぐいをしないといけないのが行政となってくる。行政は請け負ってもらったわけですから、それまで担当していた組織は全部消えてしまっているので、なかなかサービスができない。しかし責任は負わなければいけませんから、何とかサービスをしますけれど非常にお粗末になります。それがサッチャー時代に大きな問題として浮上してきた。経費は下がるけれどもサービスの中身はいったいどうなってくるのかということです。

それを改善しようとしたのが、次のメジャー首相が中心となってやったシティズンズ・チャーターです。これはひょっとすれば市民のニーズを完璧にかなえるものではないかもしれない。しかし､市民が払っている税金の範囲内でやろうとすればここまでしかできないことを明確に示す。そして、それをやらない場合には何らかのかたちで責任を負う。その責任も謝るだけではない、遺憾の意を表明するだけでは済まない。本当の意味で何か弁償しなければならないという位置付けをしている。それは確実に実現するということです。そういうかたちで市民に納得してもらう。そして、市民は「それではどうしても嫌だ、もっとサービスのレベルを上げてほしい」という場合には市民全員が負担金を出して、つまり市民税を上げてもらってサービスをもっといいものにしてもらう。

今の質問は恐らく、そのメジャー首相のような方式を採用すれば、その心配は起こらないだろう。しかし、日本が今やっていることはサッチャー時代のことをそのまままねしようとしていますから、おっしゃるような懸念は多分にあるだろうと私は思っております。

メジャー政権方式で市民から「どうしても自分たちが負担するからサービスの質を上げてくれ」と出てきた場合、これは具体的には議会に出てくる。議会で市民の意向を調査していって、こういうサービスをしろと議決する。しかしお金がありませんから、その場合の市民の負担金はこのようにする。日本の場合には多治見市で勝手に税金を作ることはできませんので、いわば税外負担となるだろうと思います。もっとも、多くの人たちはそんなお金を払ってまでサービスを要求しないだろうと私は思っています。

Q2 どういうことから学んでいったらいいのか？

【質問者2】 一市民としても、市民の代表の市議さんたちも、契約者の立場に立っていくとすれば、どのように学んでいったらいいのか。今のままではとてもいられないような状況ですので、どういうことから学んでいったらいいのか戸惑っているところです。

A2 行政が安易に市民の言うことを聞いてそのままサービスを拡充していくのでは、日本はとてももたない。

【竹下】 今の日本のことを分かろうと思えば、ぜひ皆さんに、日本財政状況が本当に今どのような状況にあるのかを勉強してもらわなければいけないと思っています。現実に借金があると言いましても、私もそうですが、皆さんは平気で毎日を暮らしている。今までの常識でいけば、日本はもう存在しないぐらいの借金を背負っている。しかも毎日、毎日きわどい勝負をしている。たくさんの借金を誰がどのように貸してくれているのか、なんてことは、皆さんはあまり考えたことはないだろうと思います。

これは本当に大変なことです。誰からお金を貸してもらうかというので日夜苦労しているのが財務省の理財局です。そこが毎日ノイローゼになるような苦労をしています。財務省はエリートコースの省ですが、いかにエリートでも、この借金の苦労をするところにまわされれば、ノイローゼにかかってしまうのではないかと想像できるほどです。そういう状況を実際に分かってもらいたいと思います。

少し具体的な例を挙げますと、平均すると3、4日に1回、日本の国は借金をしています。これは国債発行というかたちで借金をするのですが、この国債の発行高は1・5兆円から2・5兆円ぐらいのお金を4日に1回ぐらいの割合で集めています。その集め方は公募です。その公募入札に参加できるのは都市銀行・地方銀行、証券会社、保険会社ですが、4日に1回ぐらいの割合で市場が開かれて、そこで国債を買うということになります。

利率が高ければそれだけ国債は買われやすくなります。利率があまり低いと誰も買わない。誰も買わなければお金が集まりませんから、国としては現実に給料も払うことができなくなります。自治体に対する補助金はもちろん出せない。いろいろなところの支払いもできない。そのような国債の商いが4日に1回ぐらい起こっています。毎日毎日が、それこそ綱渡りというか、薄氷の上を歩いているような状態なのです。いまのところ、この商いが何とか成立していますが、何時駄目になっても不思議ではありません。

しかも、国債を売りやすくするために、利率を高くしようと思っても、それはなかなかできない。利息は確実に払わなければいけませんから、利率を高くすれば、それだけ国の負担が重くなり、ますます借金を重ねなければならないようになるからです。したがって、ぎりぎりの利率を設定しているようですが、利率が低ければ、言い換えれば、他に有利な金融商品があれば、銀行や保険会社などはそちらの方に資金を投じることになりますから、国債を売って財源を集めるという仕組みがうまくいかないことになります。

仮に、1回でも国債入札の市場がうまくいかず、商いが成立しなかったということになれば、大変です。日本の国は、現金を手に入れるために、手持ちのアメリカの国債を売るという事態が予測できます。大量のアメリカ国債が市場に出回れば、それこそ世界経済がどうなるか、考えるだに恐ろしい現象が予測できそうです。そうなると、いったい日本の国はどうなるのか、国民の生活はどうなるのか、流通機構はどうなるのか、等々が心配になります。

そういう勉強から始まって現実の日本の姿をきちんと理解してもらって、その上で「行政とは何ぞや」も見る必要があるだろう。行政が安易に市民の言うことを聞いてそれをそのままサービスを拡充していくのでは、日本はとてももたない。今の日本で一番重要なのは借金返済である。あるいは自立である。国が困っていますから、日本の国が駄目になっても多治見市は健全だ。多治見市民だけはいいというぐらいの覚悟で、市を維持できるような体制を作っておかなければならない。

それにはお金を有効に使わなければならない。どこにお金を使うかという優先順位をみんなで考えよう。その次にはどういう程度のことをするかを決めていく必要があります。まさに今の日本の自治体は、あるいは多治見市はこのシティズンズ・チャーターを勉強していく必要があるだろう。これは市民の責任であり、議員にはもっと責任があるのではないかと私は思っております。

Q3 「市場化テスト」成功の条件は?

【質問者3】　普段、テレビなどで「市場化テスト」を導入すべきだという議論があると、どうも公務労働が民営化されてしまうようなイメージで宣伝されていると思います。今日お話を聞いていましたら、主体者である住民のレベルが高ければかなり効果的な「市場化テスト」が導入できるというように理解が少し深まったような感じがします。

ただ、東京周辺と地方では住民いろいろな面で洗練のされかたが違うような気がします。「市場化テスト」を先生がおっしゃるように成功させるための規模と、住民への教育の仕方がかなり洗練されていかないと、おっしゃったような理想的なかたちには必ずしもつながらないだろうと思います。国が当てにならないので住民が主体的にこれからの経済など、いろいろなものを支えていこうということで「市場化テスト」が導入されていくかと思いますが、「市場化テスト」を行うときの規模とか、必要な考え方とか、道具がどのように用意されていけば成功できるのか。それについてお考えをお聞かせください。

A3 成功のためにはまず、「市場化テスト」は何のためにするのかを明確にする

【竹下】 非常に難しい質問ですが、東京周辺とここら辺で少し違うのではないかというのは、私も大賛成です。私は三重県に5年前に移り住んできたのですが、非常に違いを痛感しております。地方に来ないと地方のことは分からないという印象を持っています。

関東周辺では、私もそうでしたが、多くの人は根っ子をもっていません。ということは、ストックがないということを意味します。給料をもらってそれで暮らしているというかたちですから、先祖から受け継いだものが何もないので非常に底が浅い。底が浅いですからすぐにいろいろなことで敏感に反応しなければならない。全体のニュースもちゃんと把握して、自分がそこで置いてきぼりを食わないように毎日頑張らなければいけないということが、多くの人たちに本能的にあるのではないかと思います。

現に東京周辺の場合には新聞を読まないというのは大変なことなんですけれども、岐阜県の多治見市は知りませんが、三重県の場合では新聞を読まないというのはごく日常的な行動である。新聞を見る場合でも、自分たちの地域の地方紙だけをちょろちょろと見て、あとは何も見ない方

が圧倒的に多いのではないかと想像しますが、それでもやっていけるのが地方ですね。それはそれだけのストックがあるから、人間関係から始まって資産も含めて全部のストックがある。そんなにあたふたと暮らさなくてもいいという基盤があるからだろうと思っております。

その意味では東京周辺に比べて非常に強い地域性がある。日本が駄目になっても地方は生き延びるだろうと思っております。それでも日本の借金は大変なものです。日本の国と市役所、県庁は貧乏である。しかし、日本の国民は金持ちである。ただ、その日本の国民のお金はほとんどが今、国と自治体によって使われてしまっている。

今、日本の借金は、多い人が言うには隠れ借金を含めて1000兆円ぐらいあるだろう、あるいは正確に言う人は800兆円ぐらいだろう、もっと厳密に言う人はかたちだけの借金で600兆円弱だと言っていますが、いずれにしても1000兆円ぐらいが最高額だと思っていいと思っています。その1000兆円をはるかに上回る預金・貯金を日本人は持っている。毎年増えているそうですから、1600兆円強の預金・貯金が日本人にはありますから、まだ600兆円強の余裕資金がある。毎年、借金は80兆円ぐらい増えていってますが、貯金・預金も増えていきますから、まだ10年ぐらいはもつのではないかと言われています。

私の思考回路は大体そこで途絶えます。それだけもてば十分だと私は思っていますので、そこまでもてば私はあちらの世界に旅立ちをしようと思っていますから思考回路が真剣にならなくなってきます。しかし、本当はもっとまじめに考えないといけない。特にこういう豊かな地域の方々はあまり身に染みて感じておりませんから、その人たちが余計深刻に考えないといけない。深刻に考えようと思えばそういう数字をちゃんと見なければいけない。

財務省が発表している数字をちゃんと見ていけば、日本が大変な状況にあることが分かります。国債の発行高を来年度の予算では小泉さんが30兆円に抑えたと自慢していますから、そうかと思っている方が多いのではないかと思います。しかし、あの30兆円はあくまでも来年度分の仕事に使うだけの借金です。来年度の仕事に使う分で30兆円足らない。しかしこれまでの続きがありますから、それで使うお金も含めますと来年は全部で200兆円ぐらいの国債を発行しないといけないだろうと言われています。その200兆円を必死になって集めているわけです。それ以外にまた隠れ借金があると言われています。

財務省の数字をインターネットで追いかけていけば全部出てくるのですが、かなり見えにくくしている。公表していることは事実ですがかなり探しにくい。しかし、特にこういう豊かな地域の方々はより一層それを真剣に見て、日本が今どういう状況におかれているかを見た上で「市場化テスト」を導入すべきかを考えなければならない。

しかもそのときには、何度も言いますけれど、行政は何のためにあるのか、「市場化テスト」はいったい何のためにするのか、その辺を明確にする必要がある。行政の一番最大の目的は恐らく市民の生活を維持するためだと思いますから、市民の生活をつぶすような行政をしていたのでは何にもならない。あるいは、それをつぶすような「市場化テスト」をやったのでは何にもならない。

更に、「市場化テスト」でもう一つ考える点があるだろうと思います。今、民間の知恵や資金を借りるというかたちでＰＦＩをあちこちで採用しています。私も三重県の四日市市でＰＦＩの審査員をしたことがあります。その時に審査をしておりますと、民間の知恵あるいは民間の資産力と言いますと大企業にどうしても勝てません。地元の企業がいくら頑張っても、あっというアイデアは出てこない。ところが大企業の場合は、審査員全員があんぐり口を開けて呆然とするような素晴らしいアイデアが出てくる。そうなると、その人たちに任せざるを得ない。恐らく指定管理者ももっとちゃんとやっていったら、しかも大企業がそれをやろうという気持ちがあれば全部取られてしまうのではないかと思います。

それと同じように、「市場化テスト」も国が進める経費削減というだけでやろうとすれば、そして大企業がその仕事を全部取ってやろうと思うことがあれば全部取られるのではないか。しかも、発想は「民間でできることは民間に」となっていますし、そのときに市役所の仕事で民間にできないことがあるのだろうか。恐らく仕事の仕方としては民間でできないことはないだろうと私は思います。

そうなると、そこのトップの決断を下す人、市長は必要である。それに対して市民を代表して議決をする議会は必要である。あとの職員は要らないのではないか。それを全部東京の大企業に取られてしまうことになるかもしれない。もちろん、これはあり得ない極端な話ですが、それも理論的には言える。それならば、いったい多治見市とは何ぞやとなります。ですから、その意味で「市場化テスト」を真剣に見ておく必要がある。

そして、その際には別に規模は関係ないと私は思っています。どんな小さな所でも「市場化テスト」を採用しようと思えば採用する。しかし採用の仕方には気を付けないといけない。市民を消費者として位置付け、その選択権を与えるという意味で、あくまでも行政の一部としてそれを採用する。そのときに自治体は地元の行政体ですから、地元を重視しながら「市場化テスト」も考えていく必要があるだろう。

何度も言いますが、「市場化テスト」の前にまず行政とは何ぞや、そして行政と市民の関係はいったいどういうものかを本格的に検討しておく必要があるだろう。今の日本はそれを考えずに上っ面だけをずっとやっておりますそんなことをやっていると大変なことになるのではないかと思っております。

本稿は２００６年５月26日、多治見市で開催された講演記録に加筆したものです。

刊行にあたって

平成18年5月26日、第164回国会において「競争の導入による公共サービスの改革に関する法律」（いわゆる市場化テスト法）が成立しました。市場化テストは、「公のサービスの担い手は公務員に限られない」という考え方による「公」の市場化による民間開放であり、これまで独占が認められてきた「官」の世界に初めて競争原理を導入するものです。

これまで、多治見市では、様々な行政改革の努力を進めてきました。しかし、人口減少、少子高齢化、財政縮小が顕在化する中、その必要性がますます高まる「持続可能な地域社会づくり」への挑戦を根底に置きながら、自治体のダウンサイジングに向けて、これまでの行政改革の枠を越えて自治体の再構築を進めていかなければなりません。そのため、今日的な行政の役割を検討し、行政の仕事を市民セクターに開放することが求められてくるとともに、よりよい公共サービスを提供するため、行政は民間セクターとの競争を余儀なくされてきます。「公」だから、あるいは「公」と考えられているから役所が行うという、これまでの常識は通用しません。

市場化テストは、行政、職員に対して、このような問いを投げ掛けてきます。このような抜本的な制度改正に対しては、導入するか否かにかかわらず、導入する理由、導入しない理由について、アカウンタビリティが問われることになります。市役所の仕事を洗いざらい見直し、全てを根本から考え直しながら、その自治体の考える「行政の役割」を確立していかなければなりません。

こうしたことから、その検討のスタートとして、四日市大学総合政策学部教授の竹下譲先生をお招きして、「市場化テスト」に関する御講演をいただき、このような制度に対してどのように考え、取り組むべきかということを教示していただきました。

その内容を多くの皆様と共有していくため、今般、公人の友社からブックレットを出版することとなりました。この冊子が、多くの皆様にとって自治体運営を考える上で参考となりますことを願うとともに、多くの読者の方々からの御意見、御感想をいただければ幸いです。

平成18年7月14日

多治見市長　西寺　雅也

著者紹介

竹下　譲（たけした・ゆずる）
四日市大学総合政策学部教授
一九四〇年生まれ。東北大学法学部、東北大学大学院卒業。拓殖大学教授、神奈川大学教授などを経て、現在は四日市大学教授、総合政策学部長。
【主著】
『イギリスの政治行政システム』（ぎょうせい）、『世界の地方自治制度』、『パリッシュにみる自治の機能』（イマジン出版）など。

TAJIMI CITY Booklet No.10
市場化テストをいかに導入するべきか　―市民と行政―

２００６年７月３１日　初版発行　　定価（本体１０００円＋税）

著　者　　竹下　譲
企　画　　多治見市役所人事秘書課
発行人　　武内　英晴
発行所　　公人の友社
〒 112-0002　東京都文京区小石川５－２６－８
ＴＥＬ ０３－３８１１－５７０１
ＦＡＸ ０３－３８１１－５７９５
振替　００１４０－９－３７７７３
メールアドレス　koujin@alpha.ocn.ne.jp

公人の友社のブックレット一覧
（06.7.31 現在）

TAJIMI CITY ブックレット

No.2
転型期の自治体計画づくり
松下圭一　1,000円

No.3
これからの行政活動と財政
西尾勝　1,000円

No.4
構造改革時代の手続的公正と第2次分権改革
手続的公正の心理学から
鈴木庸夫　1,000円

No.5
自治基本条例はなぜ必要か
辻山幸宣　1,000円

No.6
自治のかたち法務のすがた
政策法務の構造と考え方
天野巡一　1,100円

No.7
自治体再構築における
行政組織と職員の将来像
今井照　1,100円

No.8
持続可能な地域社会のデザイン
植田和弘　1,000円

No.9
政策財務の考え方
加藤良重　1,000円

No.10
市場化テストをいかに導入するべきか—市民と行政—
竹下譲　1,000円

「地方自治土曜講座」ブックレット

《平成7年度》

No.1
現代自治の条件と課題
神原勝　900円

No.2
自治体の政策研究
森啓　600円

No.3
現代政治と地方分権
山口二郎　［品切れ］

No.4
行政手続と市民参加
畠山武道　［品切れ］

No.5
成熟型社会の地方自治像
間島正秀　500円

No.6
自治体法務とは何か
木佐茂男　［品切れ］

No.7
自治と参加アメリカの事例から
佐藤克廣　［品切れ］

No.8
政策開発の現場から
小林 勝彦・大石和也・川村喜芳
［品切れ］

《平成8年度》

No.9
まちづくり・国づくり
五十嵐広三・西尾六七　500円

No.10
自治体デモクラシーと政策形成
山口二郎　500円

No.11
自治体理論とは何か
森啓　600円

No.12
池田サマーセミナーから
間島正秀・福士明・田口晃　500円

No.13
憲法と地方自治
中村睦男・佐藤克廣　500円

No.14
まちづくりの現場から
斎藤外一・宮嶋望　500円

No.15
環境問題と当事者
畠山武道・相内俊一　［品切れ］

No.16
情報化時代とまちづくり
千葉純・笹谷幸一　［品切れ］

No.17
市民自治の制度開発
神原勝　500円

《平成9年度》

No.18
行政の文化化
森啓　600円［品切れ］

No.19
政策法学と条例
阿倍泰隆　［品切れ］

No.20
政策法務と自治体
岡田行雄　［品切れ］

No.21
分権時代の自治体経営
北良治・佐藤克廣・大久保尚孝
600円

No.22
地方分権推進委員会勧告とこれからの地方自治
西尾勝　500円

No.23
産業廃棄物と法
畠山武道　[品切れ]

No.25
自治体の施策原価と事業別予算
小口進一　600円

No.26
地方分権と地方財政
横山純一　[品切れ]

《平成10年度》

No.27
比較してみる地方自治
田口晃・山口二郎　[品切れ]

No.28
議会改革とまちづくり
森啓　400円

No.29
自治の課題とこれから
逢坂誠二　[品切れ]

No.30
内発的発展による地域産業の振興
保母武彦　600円

No.31
地域の産業をどう育てるか
金井一頼　600円

No.32
金融改革と地方自治体
宮脇淳　600円

No.33
ローカルデモクラシーの統治能力
山口二郎　400円

No.34
政策立案過程への「戦略計画」手法の導入
佐藤克廣　500円

No.35
98サマーセミナーから「変革の時」の自治を考える
神原昭子・磯田憲一・大和田建太郎
600円

No.36
地方自治のシステム改革
辻山幸宣　400円

No.37
分権時代の政策法務
礒崎初仁　600円

No.38
地方分権と法解釈の自治
兼子仁　400円

No.39
市民的自治思想の基礎
今井弘道　500円

No.40
自治基本条例への展望
辻道雅宣　500円

No.41
少子高齢社会と自治体の福祉法務
加藤良重　400円

《平成11年度》

No.42
改革の主体は現場にあり
山田孝夫　900円

No.43
自治と分権の政治学
鳴海正泰　1,100円

No.44
公共政策と住民参加
宮本憲一　1,100円

No.45
農業を基軸としたまちづくり
小林康雄　800円

No.46
これからの北海道農業とまちづくり
篠田久雄　800円

No.47
自治の中に自治を求めて
佐藤　守　1,000円

No.48
介護保険は何を変えるのか
池田省三　1,100円

No.49
介護保険と広域連合
大西幸雄　1,000円

No.50
自治体職員の政策水準
森啓　1,100円

No.51
分権型社会と条例づくり
篠原　一　1,000円

No.52
自治体における政策評価の課題
佐藤克廣　1,000円

No.53
小さな町の議員と自治体
室崎正之　900円

No.54
地方自治を実現するために法が果たすべきこと
木佐茂男　[未刊]

No.55
改正地方自治法とアカウンタビリティ
鈴木庸夫　1,200円

No.56
財政運営と公会計制度
宮脇淳　1,100円

No.57
自治体職員の意識改革を如何にして進めるか
林嘉男　1,000円

《平成12年度》

No.59
環境自治体とISO
畠山武道　700円

No.60
転型期自治体の発想と手法
松下圭一　900円

No.61
分権の可能性
スコットランドと北海道
山口二郎　600円

No.62
機能重視型政策の分析過程と
財務情報
宮脇淳　800円

No.63
自治体の広域連携
佐藤克廣　900円

No.64
分権時代における地域経営
見野全　700円

No.65
町村合併は住民自治の区域の
変更である。
森啓　800円

No.66
自治体学のすすめ
田村明　900円

No.67
市民・行政・議会のパートナー
シップを目指して
松山哲男　700円

No.69
新地方自治法と自治体の自立
井川博　900円

No.70
分権型社会の地方財政
神野直彦　1,000円

No.71
自然と共生した町づくり
宮崎県・綾町
森山喜代香　700円

No.72
情報共有と自治体改革
ニセコ町からの報告
片山健也　1,000円

《平成13年度》

No.73
地域民主主義の活性化と
自治体改革
山口二郎　600円

No74
分権は市民への権限委譲
上原公子　1,000円

No.75
今、なぜ合併か
瀬戸亀男　800円

No.76
市町村合併をめぐる状況分析
小西砂千夫　800円

No.78
ポスト公共事業社会と自治体
政策
五十嵐敬喜　800円

No.80
自治体人事政策の改革
森啓　800円

《平成14年度》

No.82
地域通貨と地域自治
西部忠　900円

No.83
北海道経済の戦略と戦術
宮脇淳　800円

No.84
地域おこしを考える視点
矢作弘　700円

No.87
北海道行政基本条例論
神原勝　1,100円

No.90
「協働」の思想と体制
森啓　800円

No.91
協働のまちづくり
三鷹市の様々な取組みから
秋元政三　700円

《平成15年度》

No.92
シビル・ミニマム再考
ベンチマークとマニフェスト
松下圭一　900円

No.93
市町村合併の財政論
高木健二　800円

No.95
市町村行政改革の方向性
～ガバナンスとNPMのあいだ
佐藤克廣　800円

No.96
創造都市と日本社会の再生
佐々木雅幸　800円

No.97
地方政治の活性化と地域政策
山口二郎　800円

No.98
多治見市の政策策定と政策実行
西寺雅也　800円

No.99
自治体の政策形成力
森啓　700円

《平成16年度》

No100
自治体再構築の市民戦略
松下圭一　900円

No.101
維持可能な社会と自治
～『公害』から『地球環境』へ
宮本憲一　900円

No.102
道州制の論点と北海道
佐藤克廣　1,000円

No.103
自治体基本条例の理論と方法
神原勝　1,100円

No.104
働き方で地域を変える
～フィンランド福祉国家の取り組み
山田眞知子　800円

《平成17年度》

No.107
公共をめぐる攻防
―市民的公共性を考える―
樽見弘紀　600円

No.108
三位一体改革と自治体財政
岡本全勝・山本邦彦・北良治・逢坂誠二・川村喜芳　1,000円

No.109
連合自治の可能性を求めて
サマーセミナーin奈井江
松岡市郎・堀則文・三本英司・佐藤克廣・砂川敏文・北　良治　他
1,000円

No.110
「市町村合併」の次は「道州制」か
高橋彦芳・北良治・脇紀美夫・碓井直樹・森啓　1,000円

No.111
コミュニティビジネスと建設帰農
松本懿・佐藤　吉彦・橋場利夫・山北博明・飯野政一・神原勝
1,000円

「地方自治ジャーナル」ブックレット

No.2
政策課題研究の研修マニュアル
首都圏政策研究・研修研究会
1,359円［品切れ］

No.3
使い捨ての熱帯林
熱帯雨林保護法律家リーグ　971円

No.4
自治体職員世直し志士論
村瀬誠　971円

No.5
行政と企業は文化支援で何ができるか［品切れ］
日本文化行政研究会　1,166円

No.7
パブリックアート入門
竹田直樹　1,166円［品切れ］

No.8
市民的公共と自治
今井照　1,166円［品切れ］

No.9
ボランティアを始める前に
佐野章二　777円

No.10
自治体職員の能力
自治体職員能力研究会　971円

No.11
パブリックアートは幸せか
山岡義典　1,166円

No.12
市民がになう自治体公務
パートタイム公務員論研究会
1,359円

No.13
行政改革を考える
山梨学院大学行政研究センター
1,166円

No.14
上流文化圏からの挑戦
山梨学院大学行政研究センター
1,166円

No.15
市民自治と直接民主制
高寄昇三　951円

No.16
議会と議員立法
上田章・五十嵐敬喜　1,600円

No.17
分権段階の自治体と政策法務
松下圭一他　1,456円

No.18
地方分権と補助金改革
高寄昇三　1,200円

No.19
分権化時代の広域行政
山梨学院大学行政研究センター
1,200円

No.20
あなたのまちの学級編成と地方分権
田嶋義介　1,200円

No.21
自治体も倒産する
加藤良重　1,000円

No.22
ボランティア活動の進展と自治体の役割
山梨学院大学行政研究センター
1,200円

No.23
新版・2時間で学べる「介護保険」
加藤良重　800円

No.24
男女平等社会の実現と自治体の役割
山梨学院大学行政研究センター
1,200円

No.25
市民がつくる東京の環境・公害条例
市民案をつくる会　1,000円

No.26
東京都の「外形標準課税」はなぜ正当なのか
青木宗明・神田誠司　1,000円

No.27
少子高齢化社会における福祉のあり方
山梨学院大学行政研究センター
1,200円

No.28
財政再建団体
橋本行史　1,000円［品切れ］

No.29
交付税の解体と再編成
高寄昇三　1,000円

No30
町村議会の活性化
山梨学院大学行政研究センター
1,200円

No.31
地方分権と法定外税
外川伸一　800円

No.32
東京都銀行税判決と課税自主権
高寄昇三　1,000円

No.33
都市型社会と防衛論争
松下圭一　900円

No.34
中心市街地の活性化に向けて
山梨学院大学行政研究センター
1,200円

No.35
自治体企業会計導入の戦略
高寄昇三　1,100円

No.36
行政基本条例の理論と実際
神原勝・佐藤克廣・辻道雅宣
1,100円

No.37
市民文化と自治体文化戦略
松下圭一　800円

No.38
まちづくりの新たな潮流
山梨学院大学行政研究センター
1,200円

No.39
ディスカッション・三重の改革
中村征之・大森彌　1,200円

No40
政務調査費
宮沢昭夫　800円

No41
市民自治の制度開発の課題
山梨学院大学行政研究センター
1,100円

朝日カルチャーセンター 地方自治講座ブックレット

No.1
自治体経営と政策評価
山本清　1,000円

No.2
ガバメント・ガバナンスと行政評価システム
星野芳昭　1,000円

No.4
政策法務は地方自治の柱づくり
辻山幸宣　1,000円

No.5
政策法務がゆく！
北村喜宣　1,000円

政策・法務基礎シリーズ
―東京都市町村職員研修所編

No.1
これだけは知っておきたい自治立法の基礎
600円

No.2
これだけは知っておきたい政策法務の基礎
800円

地域ガバナンスシステム・シリーズ
（龍谷大学地域人材・公共政策開発システム オープン・リサーチ・センター企画・編集）

No.1
地域人材を育てる自治体研修改革
土山希美枝　900円

No.2
公共政策教育と認証評価システム―日米の現状と課題―
坂本勝 編著　1,100円

No.3
暮らしに根ざした心地良いまち
野呂昭彦・逢坂誠二・関原剛・吉本哲郎・白石克孝・堀尾正靭
1,100円